State-Trait-Debatte, Kreativität und Intelligenz. Persönlichkeitseigenschaften in der differentiellen Psychologie

Sarah Schön

Bibliografische Information der Deutschen Nationalbibliothek:

Die Deutsche Nationalbibliothek verzeichnet diese Publikation in der Deutschen Nationalbibliografie; detaillierte bibliografische Daten sind im Internet über http://dnb.d-nb.de abrufbar.

ISBN: 9783346831613
Dieses Buch ist auch als E-Book erhältlich.

Einsendeaufgabe

Alternative C

abgegeben am 03. Januar 2023
SRH Fernhochschule, Riedlingen

Modul: Persönlichkeitspsychologie
Studiengang: Wirtschaftspsychologie (B.Sc.)

von
Sarah Schön
 Studiengang:
Wirtschaftspsychologie

Inhaltsverzeichnis

Abkürzungsverzeichnis

AC	Assessment Center
BFI	Big Five Inventory
FFT	Fünf Faktoren Theorie
OCEAN	Openness, Conscientiousness, Extraversion, Agreeableness, Neuroticism
TEIQue	Trait emotional Intelligence Questionnaire
TEI	Trait emotional intelligence
TTCT	Torrance Test of Creative Thinking
z.B.	zum Beispiel

Abbildungsverzeichnis

Aufgabe 1

Persönlichkeitseigenschaften in der differentiellen Psychologie

In der allgemeinen Psychologie werden verschiedene Aspekte des menschlichen Erlebens und Verhaltens untersucht, um Gesetzmäßigkeiten zu erkennen und zu erklären, die für alle Menschen gelten (Hussy et al., 2013, S.3). Dazu gehören beispielsweise Fragen nach der Wahrnehmung, dem Gedächtnis, der Emotion, der Kognition, der Motivation und dem Verhalten. Die allgemeine Psychologie hat das Ziel, die menschliche Psyche in ihrer Gesamtheit zu beschreiben und zu verstehen und dabei die individuellen Unterschiede zwischen Menschen zu berücksichtigen (Asendorpf, 2019, S.8).

Die differentielle Psychologie, als Teilgebiet der allgemeinen Psychologie, untersucht den Einfluss der Persönlichkeitseigenschaften auf die Motivation und das Verhalten des Menschen unter Berücksichtigung kultureller, sozialer und psychologischer Faktoren (Schölmerich, 2015, S.472-486). Persönlichkeitseigenschaften sind die spezifischen Eigenschaften, die eine Person charakterisieren. Sie sind bei jedem Menschen unterschiedlich ausgeprägt, was letztlich dazu führt, dass jeder Mensch einzigartig ist (Zuckermann, 1979, S.54).

Laut der so genannten "The Big Five-Theorie" von Costa und McCrae - auch als OCEAN-Modell bezeichnet – gibt es fünf Hauptdimensionen von Persönlichkeitseigenschaften, die jede Person charakterisieren. Diese Dimensionen sind Offenheit für Erfahrungen, Verträglichkeit, Extraversion, Gewissenhaftigkeit und Neurotizismus (Maltby et al., 2011, S.322-323). Die sogenannte 5-Faktoren-Theorie (FFT) des Persönlichkeitsmodells zielt darauf ab, ein umfassendes Verständnis dafür zu erhalten, wie die Persönlichkeit des Menschen gebildet wird und wie sie sich auf dessen Verhalten und Motivation auswirkt. Diese Komponenten werden als „Dimensionen" bezeichnet, was bedeutet, dass jede Persönlichkeit aufgrund verschiedener Kombinationen von Charakterzügen aus jeder der fünf Dimensionen zusammengesetzt ist (Furnham & Cheng, 2018, S.9). Dieses Modell bietet eine solide Grundlage, um das Verhalten und die Motivation von Menschen zu untersuchen und zu verstehen (Furnham & Cheng, 2018, S.117).

Im internationalen Kontext bezeichnet Fiske et al. (2010) "Kultur" als ein hoch-komplexes Konzept, das Einiges über die Werte, Normen und Einstellungen einer Person aussagen kann. Diese kulturellen Aspekte wirken sich auf die Art und Weise aus, wie eine Person sich selbst und andere Menschen wahrnimmt, und müssen daher auch in Betracht gezogen werden, wenn die Persönlichkeitseigenschaften untersucht werden. (Fiske et al., 2010)

Die State-Trait-Debatte in der Differentiellen Psychologie

Gordon Allport gilt als einer der Pioniere der Persönlichkeitspsychologie und hat viel dazu beigetragen, dass die Eigenschaftstheorie heute eines der wichtigsten Paradigmen in der Persönlichkeitspsychologie darstellt. Allport definierte Traits als dauerhafte Verhaltens- und Erlebensmuster, die einer Person innewohnen und ihr Verhalten beeinflussen (Allport, 1961). Er betonte, dass Traits durch die individuellen Erfahrungen und Lebensumstände einer Person beeinflusst werden und dass sie sich im Laufe der Zeit verändern können. Allport unterschied zudem zwischen "cardinalen Traits" (sehr stark ausgeprägte Persönlichkeits-eigenschaften) und "zentralen Traits" (persönliche Eigenschaften, die viele Aspekte des Verhaltens einer Person beeinflussen).

Allports Definition des Trait-Begriffs hat sich im Laufe der Jahre weiterentwickelt und ist heute in der Persönlichkeitspsychologie weit verbreitet. Der Trait-Begriff wird heute in der Regel als stabile und konsistente Merkmale der Persönlichkeit verstanden, die sich im Laufe der Zeit nur wenig verändern (Furnham & Cheng, 2018, S.204).

Die State-Trait-Debatte ist ein viel diskutiertes Thema in der Psychologie, das sich mit der Frage befasst, ob Persönlichkeitseigenschaften als stabile Eigen-schaften (Traits) oder als momentane Zustände (States) verstanden werden sollten (Furnham & Cheng, 2018, S.223) und hat ihren Ursprung in Allports Theorie.

Die State-Theorie geht davon aus, dass Persönlichkeitseigenschaften momentane Zustände sind, die von äußeren Einflüssen abhängen und sich im Laufe der Zeit verändern können. Dementsprechend können Menschen unter bestimmten Bedingungen anders reagieren als gewöhnlich, zum Beispiel wenn sie sich in einer stressigen oder aufregenden Situation befinden. Die State-Theorie betont also die Rolle der Situationsbedingungen bei der Erklärung des Verhaltens und Erlebens von Menschen (Allport, 1961, S.16).

Die Trait-Theorie hingegen geht davon aus, dass Persönlichkeitseigenschaften stabile Eigenschaften sind, die für die individuellen Unterschiede zwischen Menschen verantwortlich sind. Dementsprechend reagieren Menschen aufgrund ihrer Persönlichkeitseigenschaften in ähnlicher Weise auf verschiedene Situationen und zeigen ein konsistentes Verhalten im Laufe der Zeit (Furnham & Cheng, 2086, S.11). Die Trait-Theorie betont also die Rolle der individuellen Eigenschaften bei der Erklärung des Verhaltens und Erlebens von Menschen (Allport, 1961).

Einige Studien unterstützen die State-Perspektive. Zum Beispiel zeigen Studien, dass sich die Persönlichkeit einer Person im Laufe des Lebens verändern kann und dass sie von verschiedenen Faktoren, wie zum Beispiel Stress, Erregung oder emotionalen Ereignissen, beeinflusst wird (Caspi et al., 2002). Andere Studien haben gezeigt, dass die Persönlichkeit einer Person in bestimmten Lebensabschnitten stärker variieren kann, während sie in anderen Lebensabschnitten stabiler bleibt (Roberts & DelVecchio, 2000).

Es gibt jedoch auch Studien, die die Trait-Perspektive unterstützen. Zum Beispiel zeigen Studien, dass die Persönlichkeit einer Person im Laufe der Zeit zwar leichte Veränderungen erfahren kann, aber dass die meisten Persönlichkeitseigenschaften über einen längeren Zeitraum hinweg konsistent bleiben (McCrae & Costa, 2003). Andere Studien haben gezeigt, dass die Persönlichkeitseigenschaften einer Person von verschiedenen Faktoren, wie zum Beispiel den genetischen Anlagen oder der Erziehung, beeinflusst werden und dass diese Einflüsse im Laufe der Zeit kaum verändert werden (Bouchard et al., 1990).

Es ist jedoch wichtig zu beachten, dass die State-Trait-Debatte kein entweder-oder-Dilemma darstellt und dass Persönlichkeitseigenschaften sowohl stabile

Eigenschaften als auch momentane Zustände sein können (Furnham & Cheng, 2018).

Erläuterung der State-Trait- Debatte anhand zweier Alltagsbeispiele

Das Persönlichkeitseigenschaften sowohl stabile Eigenschaften als auch momentane Zustände sein können, wird anhand zweier Alltagsbeispiele veranschaulicht:

1. Nervosität: Eine Person kann sich in bestimmten Momenten nervös fühlen, etwa wenn sie vor einer wichtigen Prüfung steht oder wenn sie in eine neue, ungewohnte Situation kommt. In diesem Fall könnte man davon ausgehen, dass Nervosität ein momentaner Zustand (State) ist, der von der aktuellen Situation (z.B. Stress oder Unsicherheit) beeinflusst wird und sich im Laufe der Zeit verändern kann, wenn die Person sich etwas beruhigt oder an die Situation gewöhnt.

Geht man allerdings davon aus, dass diese Person generell eine höhere Neigung zur Nervosität hat, also schneller nervös wird, könnte man annehmen, dass es sich hierbei um eine stabile Eigenschaft (Trait) handelt, die sich im Laufe der Zeit kaum verändert und in vielen verschiedenen Situationen auftritt.

2. Eifersucht: Eine Person kann sich in bestimmten Momenten eifersüchtig fühlen, etwa wenn sie sich von ihrem Partner vernachlässigt fühlt oder wenn sie von einem anderen Menschen um ihren Partner gebuhlt wird. In diesem Fall könnte man davon ausgehen, dass Eifersucht ein momentaner Zustand (State) ist, der von der aktuellen Situation (z.B. Unsicherheit oder Angst, die Beziehung zu verlieren) beeinflusst wird und sich im Laufe der Zeit verändern kann, wenn die Person sich sicherer fühlt oder sich mit ihrem Partner aussöhnt.

Es könnte aber auch sein. Dass diese Person generell eine höhere Neigung zur Eifersucht hat, also schneller eifersüchtig wird, somit könnte man davon ausgehen, dass es sich hierbei um eine stabile Eigenschaft (Trait) handelt, die sich im Laufe der Zeit kaum verändert und in vielen verschiedenen Situationen auftritt.

Es ist wichtig zu beachten, dass State und Trait nicht völlig voneinander getrennt sind und sich gegenseitig beeinflussen können. Eine Person kann beispielsweise aufgrund ihrer generellen Neigung zur Eifersucht (Trait) schneller eifersüchtig werden und dadurch in einen eifersüchtigen Zustand (State) geraten. Oder eine Person kann durch ihren momentanen Zustand der Nervosität (State) sensibler auf bestimmte Situationen reagieren und dadurch ihre generelle Neigung zur Nervosität (Trait) für eine gewisse Zeit verstärken.

Bei der Unterscheidung von "State" und "Trait" ist es von Bedeutung, dass sie dabei hilft, bestimmte Verhaltensweisen und Eigenschaften von Personen besser zu verstehen und zu erklären. Sie kann z.B. im Rahmen von Assessment Center (AC) Verfahren eingesetzt werden, um ein realistisches Bild von den Teilnehmern zu erhalten und ihre Eignung für bestimmte Aufgaben oder Positionen zu beurteilen.

Bedeutung der State-Trait-Debatte vor dem Hintergrund im Assessment Center

Bei der Durchführung von AC werden Kandidaten in verschiedenen Simulationen, Tests und Rollenspielen beobachtet und bewertet. Diese Verfahren dienen dazu, die Fähigkeiten und die Persönlichkeit eines Kandidaten realistisch abzubilden und zu beurteilen. Die Ergebnisse von Assessment Centern können unter anderem bei der Personal- und Karriereentwicklung, der Mitarbeiterauswahl und der Führungskräfteentwicklung eingesetzt werden (Bartell, 2016, S.5-20).

Die Studie von Becker, Höft, Holzenkamp & Spinath (2011) ist eine Metaanalyse, die die Validität von AC untersucht hat. Die Autoren fanden heraus, dass AC insgesamt eine hohe Validität aufweisen, wenn auf eine sorgfältige Planung und Durchführung der Verfahren geachtet wird. Sie betonten, dass die Zuverlässigkeit und Validität der Ergebnisse von AC sichergestellt werden kann, wenn insbesondere die Auswahl der geeigneten Verfahren, die Definition klarer Ziele und Anforderungen, die Einhaltung von qualitativen Standards bei der Durchführung und Auswertung sowie die Einbeziehung von Feedback von Teilnehmerinnen und Teilnehmern beachtet werden. Die Studie zeigt somit, dass AC ein valides Verfahren zur Beurteilung von Fähigkeiten und Persönlichkeit sind, wenn sie sorgfältig geplant und durchgeführt werden. Die State-Trait-Debatte spielt innerhalb von AC eine wichtige Rolle, da sie entscheidet, wie Persönlichkeitseigenschaften und -merkmale bei der Beurteilung von Kandidaten berücksichtigt werden sollen.

Einige wissenschaftliche Untersuchungen haben gezeigt, dass die Persönlichkeitseigenschaften eines Kandidaten in AC eine Vorhersagekraft für zukünftige jobbezogene Leistungen haben. So zeigte eine Studie von Barrick & Mount 1991, dass die Persönlichkeitseigenschaften Gewissenhaftigkeit und Emotional Stability die beste Vorhersagekraft für jobbezogene Leistungen hatten (Barrick & Mount, 1991).

Die Ergebnisse dieser Untersuchungen zeigen, dass es wichtig ist, sowohl stabile Eigenschaften als auch momentane Zustände bei der Beurteilung von Kandidaten in Assessment Centern zu berücksichtigen.

Aufgabe 2

Abgrenzung Intelligenz zur Kreativität

Derzeit gibt es kein allgemeingültiges Verständnis dessen, was Intelligenz ist, in wie vielen Formen sie vorliegt und ob es einen übergeordneten Faktor gibt (Sternberg & Kaufman, 2011). In der Psychologie wird Intelligenz zumeist vereinfacht als die Fähigkeit eines Menschen abstrakt zu denken und daraus zweckvolles Handeln abzuleiten, angesehen

Einer der frühesten Ansätze zur Messung von Intelligenz ist der von Charles Spearman, der die Idee einer allgemeinen Intelligenz, auch g-Intelligenz genannt, vorgestellt hat. Laut Spearman ist die g-Intelligenz ein übergeordneter Faktor, der sich auf alle spezifischen Leistungsanforderungen auswirkt. (Maltby et al., 2011, S.509-510)

Ein anderer Ansatz zur Messung von Intelligenz ist das Zweifaktorenmodell von Cattell, einem Schüler Spearmans. Laut diesem Modell gibt es zwei Arten von Intelligenz: die flüssige Intelligenz und die kristallisierte Intelligenz. Die flüssige Intelligenz bezieht sich auf die Fähigkeit, neue Informationen schnell und flexibel zu verarbeiten und auf neue Situationen zu reagieren. Die kristallisierte Intelligenz auf die Fähigkeit, bereits erworbenes Wissen und Fähigkeiten anzuwenden (Maltby et al., 2011, S.522).

Es gibt auch andere Ansätze zur Messung von Intelligenz, wie zum Beispiel das Multiple-Intelligenzen-Modell von Howard Gardner, das besagt, dass es mehrere verschiedene Intelligenzen gibt, wie zum Beispiel sprachliche, musische, körperlich-kinästhetische und logisch-mathematische Intelligenz (Gardner & Spengler, 2008, S.56-57).

Der Begriff Kreativität ist in der Literatur ebenfalls nicht eindeutig definiert. Das Konzept der Kreativität wird in verschiedenen wissenschaftlichen Disziplinen untersucht, darunter Psychologie, Neurowissenschaften, Kunstwissenschaften, Sozialwissenschaften und Bildungswissenschaften.

Einige wichtige Theorien zur Kreativität in der Psychologie sind die Theorie der divergenten Denkfähigkeiten von Guilford (1950), die Theorie der kreativen

Persönlichkeit von Eysenck (1995) und die Theorie der kreativen Prozesse von Sternberg und Lubart (1995).

Laut einer Studie von Sternberg und Lubart (1995) ist Kreativität ein Konzept, das sich von Intelligenz unterscheidet. Kreativität wird als „die Fähigkeit beschrieben, neue und nützliche Lösungen für Probleme zu erarbeiten" (Sternberg & Lubart, 1995, S. 3). Intelligenz hingegen wird als „die Fähigkeit definiert, eine neue Situation zu erfassen und Lösungen zu finden" (Sternberg & Lubart, 1995, S. 4). Während Intelligenz also das Erkennen von Lösungen beinhaltet, grenzt sich Kreativität von dieser ab in dem sie sich auf die Entwicklung von Lösungen bezieht.

Messbarkeit von Kreativität

Die Messung von Kreativität ist eine Herausforderung, da Kreativität ein komplexes Phänomen ist, das sich nicht einfach in Zahlen ausdrücken lässt. Es gibt jedoch verschiedene Instrumente und Verfahren, die in der Psychologie und in anderen Disziplinen verwendet werden, um Kreativität zu messen.

Ein verwendetes Verfahren zur Messung von Kreativität ist der Torrance Test of Creative Thinking (TTCT) (Torrance, 1966). Der TTCT ist ein schriftlicher Test, der verschiedene kreative Denkaufgaben enthält, die die Fähigkeit zu explorativem, konstruktivem und kombinatorischem Denken testen. Der Test wird in verschiedenen Ausführungen für verschiedene Altersgruppen angeboten und es gibt verschiedene Normen, anhand derer die Ergebnisse des Tests ausgewertet werden.

Es ist wichtig zu beachten, dass diese Verfahren keine vollständige Messung von Kreativität ermöglicht und dass es immer noch viele offene Fragen und Diskussionen zur Messung von Kreativität gibt. Grundsätzlich kritisch zu betrachten ist, „ob ein kreativer Prozess durch einen bestimmten Reiz - wie ihn der Test ja bedeutet – ausgelöst werden kann" (Ulmann, 1968). Durch die vorhandene Testsituation ist der nach Wallas formulierte Denkprozess, welcher sich in vier Phasen unterteilt, hinsichtlich der zu durchlaufenden Phasen gestört (Wallas, 1945, S. 41). Diese vier Phasen sind selten strikt voneinander getrennt und verlaufen auch nicht zwangsläufig linear. Überlappungen sowie

Rückschritte sind bei diesem Prozess in allen Phasen zu beobachten. So kann die Bewertung einer Idee im letzten Schritt dazu führen, dass man wieder in die Inkubationsphase und somit in die unbewusste Verarbeitung der Problemstellung gleitet und der Prozess dort wieder ansetzt.

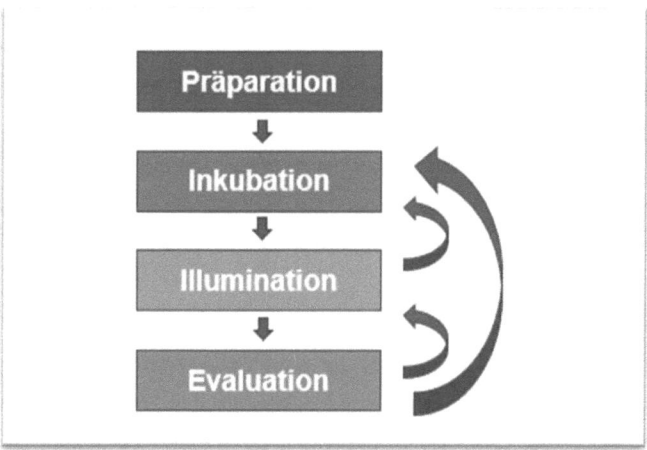

Abbildung 1: Das 4 Stufen Modell in Anlehnung an Graham Wallas Vier Phasen Modell, Quelle: eigene Darstellung

Kreativität im beruflichen Alltag

Kreativität ist ein unverzichtbarer Bestandteil des beruflichen Alltags. Kreativität kann dazu beitragen, neue Ideen zu entwickeln, Probleme zu lösen und innovative Lösungen zu finden oder auch neue Produkte und Dienstleistungen zu entwickeln und existierende zu verbessern.

Kreativität ist im beruflichen Alltag wichtig, weil sie dazu beitragen kann, die Motivation und Zufriedenheit der Mitarbeiter zu steigern. Wenn Mitarbeiter die Möglichkeit haben, kreativ zu sein und ihre Ideen einzubringen, fühlen sie sich wertgeschätzt und haben das Gefühl, dass ihre Arbeit sinnvoll ist. Dies kann dazu beitragen, dass Mitarbeiter länger im Unternehmen bleiben und ihre Leistung steigern (Carr, 2016). In dieser Studie wurde festgestellt, dass Mitarbeiter, die kreativ sein konnten, weniger wahrscheinlich das Unternehmen verlassen würden als jene, die keine Möglichkeit hatten, ihre Kreativität auszuleben.

Insgesamt ist Kreativität im beruflichen Alltag wichtig, um Probleme und Herausforderungen zu lösen, innovative Lösungen und Ideen zu entwickeln und damit den Unternehmenserfolg zu fördern. Sie kann darüber hinaus dazu beitragen, die Motivation und Zufriedenheit der Mitarbeiter zu steigern und das Unternehmen wettbewerbsfähig zu halten. Kreative Fähigkeiten sind daher in vielen Berufen von großer Bedeutung und können durch gezielte Förderung gestärkt werden.

Es gibt verschiedene Maßnahmen, die im beruflichen Alltag dazu beitragen können, Kreativität zu fördern. Einige wesentliche kreativitätsfördernde Faktoren am Arbeitsplatz sind:

- Eine positive und unterstützende Arbeitsumgebung, die den Austausch von Ideen und die Zusammenarbeit fördert durch Freiheit in der Entscheidung was und wie gearbeitet wird (Amabile, 1988).
- Ein hohes Maß an Autonomie und Kontrolle über die Arbeit (Deci & Ryan, 2000).
- Eine hohe Toleranz gegenüber Fehlern und Misserfolgen (Vahs & Trautwein, 2005, S.7)

Faktoren, welche kreative Denkprozesse hemmen sind Angst, Perfektionismus, Stress, Zweifel, Routine (zwanghaftes Festhalten an starren Denk- und Verhaltensmustern) und blockierende Prinzipien (Blumenschein & Ehlers, 2016, S. 28-37).

- Eine negative und belastende Arbeitsatmosphäre, die das Wohlbefinden und die Motivation der Mitarbeiter schwächt (Amabile, 1997).
- Ein geringes Maß an Autonomie und Selbstbestimmung bei der Arbeit, die den Mitarbeitern wenig Möglichkeiten gibt, ihre Arbeit selbst zu gestalten und Verantwortung zu übernehmen (Amabile, 1997).
- Ein schlechtes Projektmanagement, zu enge oder gar keine Kontrolle in den Projekten (Amabile, 1997).

Aufgabe 3

Definition der emotionalen Intelligenz und Abgrenzung zur klassischen Intelligenz

Eine der ersten wissenschaftlichen Definitionen der emotionalen Intelligenz stammt von Mayer und Salovey. Sie definierten emotionale Intelligenz als "die Fähigkeit, Emotionen in sich selbst und in anderen zu erkennen, zu verstehen und zu verwalten" (Mayer & Salovey, 1990, S.189). Sie betonen, dass emotionale Intelligenz nicht nur die Fähigkeit umfasst, eigene Emotionen zu verstehen, sondern auch die Emotionen anderer Menschen wahrzunehmen und angemessen darauf zu reagieren. Die emotionale Intelligenz kann helfen, in schwierigen oder stressigen Situationen besser damit umzugehen, eigene und andere Gefühle besser wahrzunehmen und zu verstehen und Beziehungen zu anderen Menschen besser zu gestalten. Sie wird auch oft als wichtiger Faktor für den beruflichen und persönlichen Erfolg angesehen.

Mayer und Salovey (1990) stellten vier Komponenten der emotionalen Intelligenz vor:

1. Emotionale Wahrnehmung: die Fähigkeit, Emotionen in sich selbst und in anderen wahrzunehmen
2. Emotionale Regulierung: die Fähigkeit, eigene Emotionen zu kontrollieren und angemessen auszudrücken
3. Emotionale Verwendung: die Fähigkeit, Emotionen zur Lösung von Problemen und zur Verbesserung von Entscheidungen zu nutzen
4. Emotionale Empathie: die Fähigkeit, die Perspektive und Gefühle anderer Menschen zu verstehen

Das Modell der emotionalen Intelligenz von Daniel Goleman basiert auf den Arbeiten von Mayer und Salovey (1990) und baute diese weiter aus. Die emotionale Intelligenz wird laut Goleman, als „die Fähigkeit, unsere eigenen Gefühle und die anderer zu erkennen, uns selbst zu motivieren und gut mit Emotionen in uns selbst und in unseren Beziehungen umzugehen" (Goleman & Griese, 1999, S. 387) beschrieben.

Goleman unterscheidet fünf Komponenten der emotionalen Intelligenz:

1. Selbstwahrnehmung: Die Fähigkeit, eigene Gefühle und Stärken zu erkennen und ein realistisches Selbstbild zu haben.
2. Selbstregulierung: Die Fähigkeit, eigene Emotionen und Verhaltensweisen zu kontrollieren und angemessen auszudrücken.
3. Motivation: Die Fähigkeit, Ziele und Wünsche zu haben und sich dafür einzusetzen.
4. Empathie: Die Fähigkeit, die Perspektive und Gefühle anderer Menschen zu verstehen und sich in sie hineinzuversetzen.
5. Soziale Fähigkeiten: Die Fähigkeit, mit anderen Menschen zusammenzuarbeiten, Konflikte zu lösen und Beziehungen aufzubauen.

Wechsler (1964) versteht unter Intelligenz die „zusammengesetzte oder globale Fähigkeit des Individuums, zweckvoll zu handeln, vernünftig zu denken und sich mit seiner Umgebung wirkungsvoll auseinanderzusetzen". Dieser Fokus auf analytische und logische Fähigkeiten kann emotionalen Kompetenzen keine Beachtung schenken, die ebenso wichtig sind, um in komplexen sozialen Situationen erfolgreich zu sein. Laut Steiner ist die emotionale Intelligenz die Fähigkeil, die eigenen und die Gefühle anderer Personen korrekt zu erkennen und die Motivation anderer Menschen zu verstehen (Steiner et al., 1997, S.21).

Man kann den klassischen Intelligenzbegriff somit auf kognitive, logische Fähigkeit beziehen Lösungen zu finden und die emotionale Intelligenz darauf, sich in einem komplexen, sozialen Umfeld erfolgreich zu bewegen.

Das Modell der emotionalen Intelligenz von Petrides und Furnham
Das Modell der emotionalen Intelligenz von Petrides und Furnham basiert auf der Untersuchung vorhandener Modelle zur emotionalen Intelligenz von Bar-On (1997), Goleman (1996) und Salovey und Mayer (1990). Das Model der Trait EI (TEI) von Petrides und Furnham basiert auf der Idee, dass es einen einzelnen Faktor der emotionalen Intelligenz gibt, der als eine wichtige Komponente der allgemeinen Intelligenz betrachtet werden kann. Dieser Faktor ist als Trait EI (TEI) bekannt und wurde von Petrides und Furnham als eine Dimension im Modell der Big Five eingeordnet. Die TEI ist in fünfzehn Facetten unterteilt, mit

vier übergeordneten Faktoren. Durch die Kombination dieser vier Bereiche kann eine Person ihre emotionale Intelligenz entwickeln.

1. Wohlbefinden
2. Selbstkontroll-Fertigkeiten
3. emotionale Fertigkeiten
4. soziale Fertigkeiten

Petrides und Furnham unterschieden in ihrem Modell zwischen der Trait EI und Fähigkeits-EI. Sie schrieben in ihrem Artikel "Trait Emotional Intelligence: Psychometric Investigation with Reference to Established Personality Traits" hierzu: „TEI ist ein wichtiger Faktor der allgemeinen Intelligenz, der die Fähigkeiten und Fertigkeiten beinhaltet, die notwendig sind, um mit einer Vielzahl von psychologischen und sozialen Situationen kompetent umzugehen" (Petrides & Furnham, 2001).

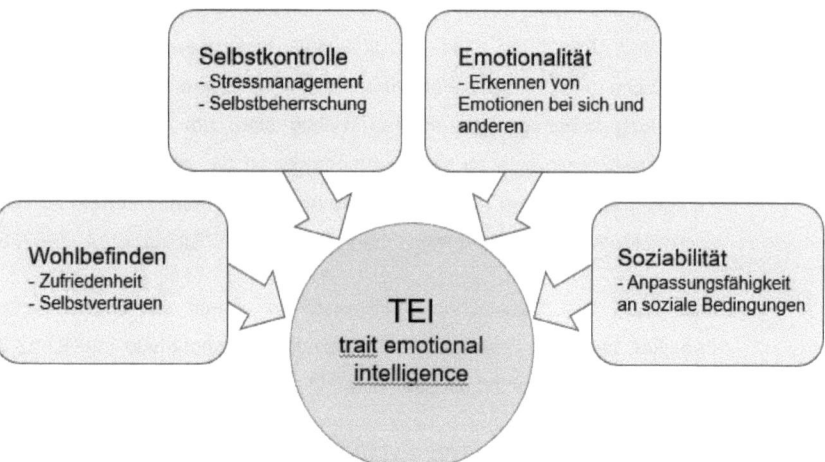

Abbildung 2: TEI - „trait emotional intelligence", Quelle: eigene Darstellung

Um den TEI vergleichbarer und messbar zu machen entwickelte Petrides einen Fragebogen zur Messung der emotionalen Intelligenz einer Person, den TEIQue. Der TeiQue beinhaltet 15 Facetten, die als die wichtigsten Dimensionen von EI angesehen werden. Dazu gehören Fähigkeiten wie die Emotionswahrnehmung, die Emotionsregulation, die Motivation, die Empathie und die Selbstmotivation. Der TEIQue wurde ursprünglich entwickelt, um eine verlässliche, gültige und valide Messung der emotionalen Intelligenz zu ermöglichen. Laut Petrides ist der

TEIQue ein „psychometrisches Instrument, das ein einheitliches Maß für die emotionale Intelligenz bereitstellt, dass die Selbstbeurteilung und die Fremdbeurteilung eines Individuums durch seine sozialen Kontakte ermöglicht" (Petrides, 2009, S.403). Er betont, dass der TEIQue eine „einmalige, aber auch wiederholte Messung der emotionalen Intelligenz" ermöglicht und die „Ergebnisse verlässlich und valid" sind (Petrides, 2009, S.407). Der TEIQue wurde als ein schneller, einfacher und kostengünstiger Weg zur Messung der emotionalen Intelligenz entwickelt, der sowohl von Psychologen als auch von Nichtpsychologen verwendet werden kann (Petrides, 2009, S.406). Er kann sowohl in der Forschung als auch in der Praxis eingesetzt werden, um ein besseres Verständnis von emotionaler Intelligenz zu erhalten.

Emotionale Intelligenz als Schlüsselkompetenz von Führungskräften

Es gibt eine wachsende Aufmerksamkeit für die Rolle emotionaler Intelligenz bei Führungskräften und deren Auswirkungen auf Organisationen in einem sich schnell wandelnden Arbeitsumfeld. Gerade vor dem Hintergrund disruptiver Veränderungen in Unternehmen durch die Corona Pandemie und damit einhergehender Change Prozesse in der Zusammenarbeit, werden Fähigkeiten wie Teams zu motivieren und auf die Bedürfnisse der Mitarbeiter einzugehen immer relevanter (Jetter & Skrotzki, 2011).

Es ist wichtig, dass Führungskräfte in schwierigen Situationen die Fähigkeit besitzen angemessen mit belastenden eigenen oder fremden Emotionen umzugehen und diese auszudrücken, um ihre eigene Handlungsfähigkeit und die Leistung ihrer Mitarbeiter nicht einzuschränken und ein negatives Betriebsklima zu vermeiden. Sie sollten in der Lage sein, sich emotional auf ihre Bezugs- personen einzustellen und ihre Rolle in sich schnell verändernden Führungssituationen neu zu definieren.

Nach Goleman, Boyatzis und McKee ist emotionale Intelligenz eine wichtige Kompetenz für Führungskräfte, da sie dazu beitragen kann, die Zufriedenheit, Motivation und Leistung von Mitarbeitern zu fördern (Goleman, Boyatzis & McKee, 2012, S. 19). Sie betonen die Bedeutung dessen, dass Führungskräfte dafür sorgen, dass die Emotionen der Arbeitskräfte eine positive Stimmung unterstützen und somit eine motivierende Atmosphäre schaffen. Dies kann dazu beitragen, die Arbeitsleistungen zu steigern, während negative Emotionen wie Wut oder Angst das Gegenteil bewirken und eine ungünstige Arbeitsumgebung schaffen. Goleman, Boyatzis und McKee bezeichnen die Fähigkeit, Emotionen in eine positive Richtung zu lenken, als Resonanz. Im Gegensatz dazu führt die Lenkung von Emotionen in eine negative Richtung zur Dissonanz (Goleman, Boyatzis & McKee, 2012, S. 21-22).

Eine hohe emotionale Intelligenz kann dazu beitragen, die Fähigkeit zu verbessern, effektiv in sozialen Situationen zu kommunizieren und zu interagieren, sowie in komplexen und sich schnell verändernden Umgebungen zu navigieren.

Es gibt durchaus auch kritische Stimmen zur Rolle der emotionalen Intelligenz innerhalb der Führungskompetenz. Einige Kritiker argumentieren, dass emotionale Intelligenz keine ausreichende Validität als Maß für Führungseffektivität zugeschrieben werden kann und dass andere Faktoren wie zum Beispiel die Erfahrung oder die Fachkompetenz einer Person wichtigere Indikatoren für die Führungsfähigkeit sind. Einige Studien haben auch gezeigt, dass es schwierig ist, einen klaren Zusammenhang zwischen emotionaler Intelligenz und Führungserfolg zu identifizieren (Bass & Riggio, 2006; Weinberger, 2003).

Bass und Riggio (2006) haben in ihrer Studie untersucht, ob es einen Zusammenhang zwischen emotionaler Intelligenz und Führungserfolg gibt. Sie haben dazu mehrere emotionale Intelligenz-Tests mit verschiedenen Maßen für Führungserfolg korreliert und festgestellt, dass es schwierig ist, einen klaren Zusammenhang zwischen emotionaler Intelligenz und Führungserfolg zu identifizieren. Allerdings haben sie auch darauf hingewiesen, dass dies teilweise auf die Schwierigkeiten bei der Messung von emotionaler Intelligenz und Führungserfolg zurückzuführen sein könnte. Sie schlussfolgern, dass weitere Forschungen notwendig sind, um den Zusammenhang zwischen emotionaler Intelligenz und Führungserfolg besser verstehen zu können.

Es ist daher wichtig, dass Führungskräfte nicht nur auf emotionaler Intelligenz basierende Fähigkeiten haben sollten, sondern auch über andere relevante Kompetenzen verfügen müssen, um in ihrer Rolle erfolgreich zu sein. Zusammenfassend lässt sich sagen, dass emotionale Intelligenz ein immer wichtigerer Faktor für die Führungskompetenz von Führungskräften wird und dass es für Führungskräfte von Vorteil ist, ihre emotionale Intelligenz zu entwickeln und zu verbessern, sie aber im Zusammenspiel mit weiteren Führungskompetenzen betrachtet werden sollte.

Literaturverzeichnis

Allport, G. W. (1961). *Pattern and Growth in Personality.* Holt, Rinehart and Winston.

Amabile, T. M. (1988). *A model of creativity and innovation in organizations.* Research in organizational behavior, 10 (1).
https://web.mit.edu/curhan/www/docs/Articles/15341_Readings/Group_Perform ance/Amabile_A_Model_of_CreativityOrg.Beh_v10_pp123-167.pdf

Amabile, T. M. (1997). Motivating Creativity in Organizations: On Doing What You Love and Loving What You Do. *California Management Review, 40*(1), 39–58.
https://doi.org/10.2307/41165921

Asendorpf, J. B. (2019). Persönlichkeitspsychologie für Bachelor. *Springer-Lehrbuch.*
https://doi.org/10.1007/978-3-662-57613-7

Barrick, M. R. & Mount, M. K. (1991). The Big Five Personality Dimensions and Job Performance: A meta-analysis. *Personnel Psychology, 44*(1), 1–26.
https://doi.org/10.1111/j.1744-6570.1991.tb00688.x

Bartell, S. (2016). *Qualitätssicherung im Assessment-Center: Wissenschaftliche Betrachtung in Theorie und Praxis.* Springer Publishing.

Bass, B. M. & Riggio, R. E. (2006). Transformational Leadership. *Psychology Press.*
https://doi.org/10.4324/9781410617095

Becker, N., Höft, S., Holzenkamp, M. & Spinath, F. M. (2011). The Predictive Validity of Assessment Centers in German-Speaking Regions. *Journal of Personnel Psychology, 10*(2), 61–69. https://doi.org/10.1027/1866-5888/a000031

Blumenschein, A. & Ehlers, I. U. (2016). Kreativität fördern. *Ideen managen,* 1–55.
https://doi.org/10.1007/978-3-658-09579-6_1

Bouchard, T. J., Lykken, D. T., McGue, M., Segal, N. L. & Tellegen, A. (1990). Sources of Human Psychological Differences: The Minnesota Study of Twins Reared Apart. *Science, 250*(4978), 223–228. https://doi.org/10.1126/science.2218526

Carr, J. (2016, 19. Februar). *Creativity in the Workplace and Its Effect on Employee Retention.* https://repository.tcu.edu/handle/116099117/10446

Caspi, A., McClay, J., Moffitt, T. E., Mill, J., Martin, J., Craig, I. W., Taylor, A. & Poulton, R. (2002). Role of Genotype in the Cycle of Violence in Maltreated Children. *Science, 297*(5582), 851–854. https://doi.org/10.1126/science.1072290

Costa, P. T., Jr & McCrae, R. R. (2003). *Personality in Adulthood, Second Edition: A Five-Factor Theory Perspective* (2 New edition). Guilford Publications.

Deci, E. L. & Ryan, R. M. (2000). The „What" and „Why" of Goal Pursuits: Human Needs and the Self-Determination of Behavior. *Psychological Inquiry, 11*(4), 227–268. https://doi.org/10.1207/s15327965pli1104_01

Eysenck, H. J. (1995). Creativity as a Product of Intelligence and Personality. *International Handbook of Personality and Intelligence*, 231–247. https://doi.org/10.1007/978-1-4757-5571-8_12

Fiske, S. T., Gilbert, D. T. & Lindzey, G. (2010). *Handbook of Social Psychology, Volume One* (5.). Wiley.

Furnham, A. & Cheng, H. (2018). Childhood Cognitive Ability Predicts Adult Financial Well-Being. *Journal of Intelligence, 5*(1), 3. https://doi.org/10.3390/jintelligence5010003

Gardner, H. & Spengler, U. (2008). *Intelligenzen: Die Vielfalt des menschlichen Geistes* (3. Aufl.). Klett-Cotta.

Goleman, D. (1996). *Emotionale Intelligenz*. Carl Hanser Verlag.

Goleman, D., Boyatzis, R. & McKee, A. (2012). *Emotionale Führung* (7. Auflage). Berlin: Ullstein-Verlag.

Goleman, D. & Griese, F. (1999). *EQ2 - Der Erfolgsquotient* (2. Aufl.). Carl Hanser.

Guilford, J. P. (1950). Creativity. *American Psychologist, 5*(9), 444–454. https://doi.org/10.1037/h0063487

Hussy, W., Schreier, M. & Echterhoff, G. (2013). *Forschungsmethoden in Psychologie und Sozialwissenschaften für Bachelor*. Springer Publishing.

Jetter, F. & Skrotzki, R. (2011). *Führungskompetenz: Die Führungskraft als Vorbild, Manager, Koordinator, Macher, Teamentwickler, Coach, Experte und zugleich Lernender* (1. Aufl.). Walhalla.

John, O. P., Srivastaya & Sanajay. (2001). *The Big Five Trait Taxonomy: History, Measurement and Theoretical Perspectives. In Handbook of Personality: Theory and Research* (2. Auflage). L.A. Pervin, O.P. John; Guilford Publications.

Maltby, J., Day, L. & Macaskill, A. (2011). *Differentielle Psychologie, Persönlichkeit und Intelligenz. Einführung in die Persönlichkeitspsychologie (Pearson Studium - Psychologie)* (2., aktualisierte). Pearson Studium.

Petrides, K. V. (2009). Psychometric Properties of the Trait Emotional Intelligence Questionnaire (TEIQue). *Assessing Emotional Intelligence*, 85–101. https://doi.org/10.1007/978-0-387-88370-0_5

Petrides, K. V. & Furnham, A. (2001). Trait emotional intelligence: psychometric investigation with reference to established trait taxonomies. *European Journal of Personality, 15*(6), 425–448. https://doi.org/10.1002/per.416

Roberts, B. W. & DelVecchio, W. F. (2000). The rank-order consistency of personality traits from childhood to old age: A quantitative review of longitudinal studies. *Psychological Bulletin, 126*(1), 3–25. https://doi.org/10.1037/0033-2909.126.1.3

Salovey, P. & Mayer, J. D. (1990). Emotional Intelligence. *Imagination, Cognition and Personality, 9*(3), 185–211. https://doi.org/10.2190/dugg-p24e-52wk-6cdg

Schölmerich, A. (2015). *Differentielle Psychologie in Lehrbuch der Psychologie und ihrer Grenzgebiete* (3. Auflage). U. Guntau, T. Roth; Göttingen: Hogrefe.

Steiner, C., Perry, P. & Hornfeck, S. (1997). *Emotionale Kompetenz* (1. Aufl.). Carl Hanser Verlag GmbH & Co. KG.

Sternberg, R. J. & Kaufman, S. B. (2011). *The Cambridge Handbook of Intelligence (Cambridge Handbooks in Psychology)*. Cambridge University Press.

Sternberg, R. & Lubart, T. (1995). Defying the crowd: cultivating creativity in a culture of conformity. *Choice Reviews Online, 33*(03), 33–1835. https://doi.org/10.5860/choice.33-1835

Torrance, P. E. (1966). *Torrance Tests of Creative Thinking*. Bensenville, IL: Scholastic Testing Service.

Trautwein, H. & Vahs, D. (2005). Innovationskultur als Erfolgsfaktor des Innovationsmanagements. *Esslingen: IO Management*. https://docplayer.org/1554605-Innovationskultur-als-erfolgsfaktor-des-innovationsmanagements.html

Ulman, G. (1968) Kreativität. Weinheim: Beltz

Wallas, G. (1945). *The art of thought*. Trove. https://nla.gov.au/nla.obj-502468959/view?partId=nla.obj-502469207

Wechsler, D. (1964). *Die Messung der Intelligenz Erwachsener. Textband zum Hamburg-Wechsler-Intelligenztest* (3. Auflage). Bern, Stuttgart: Huber Verlag.

Weinberger, L. A. (2003). *An Examination of the Relationship Between Emotional Intelligence and Leadership Style* [Studie zur Dissertation]. University of Minnesota; https://files.eric.ed.gov/fulltext/ED492518.pdf.

Zuckermann, M. (1979). *Der Mensch als soziokulturelles Wesen*. Berlin: Springer.